Animales del zoológico

La cebra

Patricia Whitehouse

Traducción de Patricia Cano

Heinemann Library
Chicago, Illinois

Designed by Sue Emerson, Heinemann Library
Printed and bound in the United States by Lake Book Manufacturing, Inc.

07 06 05 04 03
10 9 8 7 6 5 4 3 2 1

Library of Congress Cataloging-in-Publication Data
Whitehouse, Patricia, 1958-
  [Zebra. Spanish]
  La cebra / Patricia Whitehouse ; traducción de Patricia Cano.
  p. cm.--(Animales del zoológico)
Summary: An introduction to zebras, including their size, diet and everyday behavior,
which highlights differences between those in the wild and those living in a zoo habitat.
  ISBN 1-40340-409-7 (HC), 1-40340-657-X (Pbk.)
  1. Zebras--Juvenile literature. [1. Zebras. 2. Zoo animals. 3. Spanish language
materials.] I. Title.
QL737. U62 W5218 2002
599.665'7--dc21

                                                    2002068866

Acknowledgments
The author and publishers are grateful to the following for permission to reproduce copyright material:
Title page, p. 5 John Nees/Animals Animals; pp. 4, 22, 24 Ken Lucas/Visuals Unlimited; p. 6T Barbara Gerlach/Visuals Unlimited; p. 6B Beth Davidow/Visuals Unlimited; p. 7 Walt Anderson/Visuals Unlimited; p. 8 Joe McDonald/DRK Photo; p. 9 George J. Sanker/DRK Photo; pp. 10, 21 Stephen J. Krasemann/DRK Photo; p. 11 Don & Pat Valenti/DRK Photo; p. 12 William J. Weber/Visuals Unlimited; p. 13 Jim Schulz/Chicago Zoological Society/The Brookfield Zoo; p. 14 Gerald & Buff Corsi/Visuals Unlimited; p. 15 Joe McDonald/Visuals Unlimited; p. 16 Frans Lanting/Minden Pictures; p. 17 J. R. Ginsberg/Wildlife Conservation Society; p. 18 Martin Harvey/DRK Photo; p. 19 Cheryl A. Ertelt/Visuals Unlimited; p. 20 M. P. Kahl/DRK Photo; p. 23 (col. 1, T-B) Inga Spence/Visuals Unlimited, Chicago Zoological Society/The Brookfield Zoo, Jack Ballard/Visuals Unlimited, Jim Schulz/Chicago Zoological Society/The Brookfield Zoo/Heinemann Library; p. 23 (col. 2, T-B) M.P. Kahl/DRK Photo, Corbis, Steven J. Nesius/Heinemann Library; back cover (L-R) Steven J. Nesius/Heinemann Library, PhotoDisc

Cover photograph by Steven J. Nesius/Heinemann Library
Photo research by Bill Broyles

Every effort has been made to contact copyright holders of any material reproduced in this book.
Any omissions will be rectified in subsequent printings if notice is given to the publisher.

Special thanks to our bilingual advisory panel for their help in the preparation of this book:

Anita R. Constantino
Literacy Specialist
Irving Independent School District
Irving, Texas

Aurora Colón García
Literacy Specialist
Northside Independent School District
San Antonio, TX

Argentina Palacios
Docent
Bronx Zoo
New York, NY

Leah Radinsky
Bilingual Teacher
Inter-American Magnet School
Chicago, IL

Ursula Sexton
Researcher, WestEd
San Ramon, CA

We would also like to thank Lee Haines, Assistant Director of Marketing and Public Relations at the Brookfield Zoo in Brookfield, Illinois, for his review of this book.

Unas palabras están en negrita, **así.**
Las encontrarás en el glosario en fotos de la página 23.

Contenido

¿Qué es la cebra?

La cebra es un **mamífero**.

Los mamíferos tienen el cuerpo cubierto de pelo o pelaje.

En estado natural, la cebra vive en lugares donde hace calor todo el año.

Pero la podemos ver en el zoológico.

¿Cómo es la cebra?

crin

crin

La cebra se parece al caballo.

Pero la cebra tiene la **crin** parada.

Tiene rayas blancas y negras.

Las rayas de cada cebra son un poco diferentes de las de otras cebras.

¿Cómo es la cría de la cebra?

La cría de la cebra se parece a sus padres, pero es más pequeña.

La cría de la cebra tiene el pelo afelpado.

La cría de la cebra es blanca y café.

Cuando crece se vuelve blanca
y negra.

¿Dónde vive la cebra?

En estado natural, la cebra vive en **praderas**.

Por lo general vive en grupos que se llaman **manadas**.

En el zoológico, la cebra vive en un **recinto** grande.

El recinto tiene árboles y pasto.

¿Qué come la cebra?

En su ambiente natural, la cebra come pasto y hojas.

En el zoológico, la cebra come granos.

Unas cebras también comen **heno, bolitas de alfalfa** y fruta.

¿Qué hace la cebra todo el día?

La cebra pasa casi todo el día comiendo.

Las cebras se limpian el pelo unas
a otras.

Se mordisquean el pelo del cuello
y el lomo.

¿Cómo duerme la cebra?

Por lo general, la cebra duerme de pie.

Las cebras duermen por turnos.

Una cebra se queda despierta para ver si hay peligro.

¿Qué sonido hace la cebra?

La cebra silba y grita.

El grito suena así: ¡cua-ja!

La cebra también relincha como el caballo.

Relincha cuando no encuentra la **manada.**

¿Qué tiene de especial la cebra?

Las rayas de la cebra la ayudan a esconderse.

Cuando varias cebras corren juntas, es difícil ver a una sola de ellas.

Los animales que cazan cebras
se confunden.

¡Este león no ve a qué cebra
perseguir!

Prueba

¿Recuerdas cómo se llaman estas partes de la cebra?

Busca las respuestas en la página 24.

?

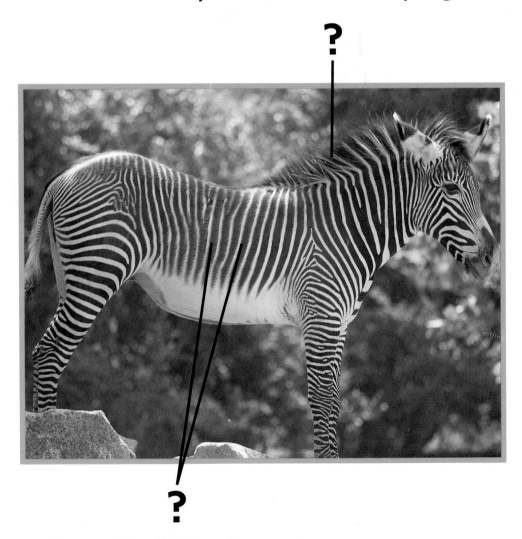

?

Glosario en fotos

bolitas de alfalfa
página 13

manada
páginas
10, 19

recinto
página 11

mamífero
página 4

pradera
página 10

crin
página 6

heno
página 13

23

Nota a padres y maestros

Leer para buscar información es un aspecto importante del desarrollo de la lectoescritura. El aprendizaje empieza con una pregunta. Si usted alienta las preguntas de los niños sobre el mundo que los rodea, los ayudará a verse como investigadores. En este libro, se identifica al animal como un mamífero. Por definición, los mamíferos tienen pelo o pelaje y producen leche para alimentar a sus crías. El símbolo de mamífero en el glosario en fotos es una perra amamantando sus cachorros. Comente que, fuera del perro, hay muchos otros mamíferos, entre ellos el ser humano.

Índice

Respuestas de la página 22

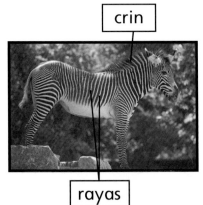

crin

rayas